BIBLIOTHÈQUE

DES

ENFANTS PIEUX

Approuvée par Mgr l'Évêque de Nevers

SAINTE THÉRÈSE

VIE DE SAINTE THÉRÈSE

VIERGE

Fondatrice des Carmélites déchaussées

L'AN 1582

PAR HUBERT LEBON

TOURS

A^d MAME ET Cie, IMPRIMEURS-LIBRAIRES

1853

Propriété des Éditeurs,

VIE

DE

SAINTE THÉRÈSE

―⋙⋘―

Nous aurons souvent besoin, dans cette histoire, de citer les paroles mêmes de la sainte. C'est la meilleure manière de la bien peindre, car tous les événements de sa vie sont retracés par elle avec une candeur, une naïveté, une humilité, une franchise admirables.

Sainte Thérèse naquit le 28 mars 1515 à Avila, dans l'ancienne Castille, d'une famille qui tenait un rang distingué dans sa province. Son père était un pieux gentilhomme, et sa mère une dame d'une grande vertu.

Cette naissance en quelque sorte sainte, ces impressions chrétiennes reçues au berceau, expliquent comment, à l'âge de six à sept ans, Thérèse était déjà éprise d'amour et d'admiration pour la vertu, au point de verser des larmes abondantes à la lecture de l'Évangile et au récit du martyre des saints.

C'est d'elle-même qu'il faut apprendre de quelle manière son cœur s'ouvrit dès le plus bas âge à ces salutaires impressions de la grâce.

« Quoique j'aimasse fort tous mes frères et que j'en fusse tendrement aimée, il y en avait un cependant que j'aimais plus tendrement que les autres. Il était à peu près de mon âge, et nous lisions ensemble les Vies des Saints; il me parut, en pensant au martyre que quelques-uns d'entre eux ont souffert pour l'amour de Dieu, qu'ils avaient acheté à bon marché le bonheur de jouir éternellement de sa présence, et il me prit un désir ardent de mourir comme eux, non que ce désir fût excité en moi par l'impression de l'amour divin; je n'avais alors d'autre motif que de hâter la possession d'une aussi grande félicité que celle dont je lisais qu'on jouissait dans le ciel. Mon frère entra dans les mêmes sentiments, et nous délibérions ensemble sur les moyens de satisfaire cet ardent désir. Nous n'en imaginâmes point de plus propre à produire cet effet que de passer chez les Maures en demandant l'aumône, afin d'y mourir par leurs mains; et quoique nous ne fussions encore que des enfants, il me semble que Dieu nous donnait assez de courage pour exécuter cette résolution, au cas qu'il nous fût possible d'en trouver l'occasion. Notre plus grand embarras était de quitter nos parents; mais l'éternité de gloire ou de tourment dont ces livres nous faisaient la peinture frappait notre esprit d'un si étrange étonnement, que nous répétions à plusieurs reprises : *Pour toujours, pour toujours;* en sorte que, toute jeune que j'étais, Dieu me faisait la grâce, lorsque je prononçais ces paroles, d'imprimer dans mon cœur le désir d'entrer et de marcher dans le chemin de la vérité. »

Tout pleins de ces pensées, les deux enfants ne songèrent plus qu'à mettre leur projet à exécution. Un jour ils quittèrent en effet la maison, priant le long de la route, comme l'eussent fait deux pèlerins, et ne cessant de faire à Dieu l'offre généreuse d'une vie qu'ils allaient livrer au martyre. Heureusement ils furent rencontrés au sortir de la ville par un de leurs oncles, qui les ramena à leur mère, déjà fort alarmée de leur évasion.

Ainsi détournés de leur dessein, ils passèrent leur temps à faire des ermitages dans le jardin de la maison, bien résolus de vivre à la manière des Hilarion et des Antoine, des Paule et des Madeleine. « Mais, dit ingénument Thérèse, nous savions peu construire nos ermitages. Les pierres que nous mettions pour cela les unes sur les autres, tombant continuellement faute de liaison, nous ne pûmes en venir à bout ; je ne saurais penser encore, sans être bien touchée, que Dieu me faisait dès lors des grâces dont j'ai si peu profité. »

Thérèse était née avec une âme tendre et généreuse : c'était dans les saints épanchements de son cœur aux pieds de Dieu, qu'elle plaçait déjà son unique félicité. Un simple tableau de la Samaritaine, qu'elle avait dans sa chambre, la pénétrait d'un saint amour. « Ah ! Seigneur, s'écriait-elle, Seigneur, donnez-moi de cette eau. »

La dévotion envers la sainte Vierge ne pouvait que prendre un grand développement dans une âme si sensible. Elle venait de perdre sa mère; elle alla se jeter en pleurs aux pieds de Marie, la conjurant de lui tenir lieu de mère, et de la regarder toujours comme son enfant. Sainte Thérèse attribua dans la suite à cette action une partie des grâces qu'elle reçut de Dieu, ne doutant pas que Marie n'eût écouté sa prière et ne l'eût délivrée de bien des dangers où elle courut même risque de perdre tout à la fois son innocence et l'amour de ses devoirs.

La lecture de quelques romans et la fréquentation d'une parente peu vertueuse furent le principe pour elle d'un grand relâchement dans la piété. Elle prit d'abord plaisir à se parer; elle sentit naître ensuite dans son cœur le désir de plaire. Heureusement, dit-elle, Dieu veilla sur son innocence, et par un spécial effet de sa bonté lui ouvrit les yeux et la ramena dans la voie qu'elle avait si légèrement abandonnée.

Son père l'ayant confiée aux religieuses Augustines d'Avila, elle resta dans leur maison dix-huit mois, et profita beaucoup de la bonne éducation qu'on y donnait. Une maladie assez grave l'obligea de retourner chez son père. Lorsque sa santé fut un peu meilleure, elle alla passer quelques jours à la campagne, et les entretiens qu'elle y eut avec un de ses oncles, homme d'une grande piété, jetèrent dans son cœur de saints désirs d'une vie intérieure et cachée ; elle comprit la vanité des choses du monde, et résolut d'entrer en religion. La lecture des Lettres de saint Jérôme acheva l'œuvre de la grâce, et elle résolut dès lors de déclarer à son père le dessein où elle était de se consacrer au Seigneur. Son père, qui avait pour elle une tendresse extraordinaire, lui ayant refusé cette permission, elle sortit un jour de grand matin, et alla se présenter au monastère des Carmélites de l'Incarnation à Avila, pour y être admise au nombre des novices.

Cette démarche coûta cher à son cœur par les regrets qu'elle éprouva en quittant son père ; mais la grâce surmonta la nature, Thérèse fut admise dans le couvent, et ne tarda pas à y prendre l'habit. Dieu alors sembla se complaire à verser ses consolations dans l'âme de Thérèse; elle se trouva si heureuse d'être délivrée des vains amusements et de la folie du siècle, qu'elle ne pouvait comprendre comment un tel changement avait pu s'opérer en elle avec tant de promptitude. « Ce souvenir, disait-elle bien des années après, fait encore maintenant une si forte impression sur mon esprit, qu'il n'y a rien, quelque difficile qu'il pût être, que je craignisse d'entreprendre pour le service de Dieu ; car je sais, par diverses expériences, que, quand c'est son amour seul qui nous y engage, il ne se contente pas de nous aider à prendre de saintes résolutions; mais il veut, pour augmenter notre mérite, que les difficultés nous étonnent, afin de rendre notre joie et notre récompense d'autant plus grandes, que nous aurons eu plus à combattre. Il nous fait même goûter ce plaisir dès cette vie, par des douceurs et des consolations qui ne sont connues que de ceux qui les éprouvent. » Dieu, cependant, soumit sa servante à quelques épreuves; mais Thérèse se consola de tout par la pensée qu'elle serait bientôt religieuse ; et quand ce moment qu'elle désirait si impatiemment fut arrivé, elle prononça ses vœux avec une ferveur singulière, se donnant de tout son cœur pour épouse au Dieu qui la comblait déjà des plus pures délices.

Le changement de nourriture, joint aux mortifications de la règle, altéra de nouveau la santé de Thérèse. Une complication de maux rendit son état dangereux; toutes les ressources des médecins furent épuisées. Son père était inconsolable ; il ne négligeait rien pour la rappeler à la santé, ou, pour mieux dire, à la vie, car son état parut désespéré. Huit mois se passèrent ainsi entre la vie et la mort; et lorsqu'elle sembla aller mieux, ce ne fut qu'en restant percluse de ses membres pendant les trois années qui suivirent. Au milieu de tant de souffrances, la résignation de la Sainte ne se démentit jamais. « L'histoire de Job, dit-elle, que j'avais lue dans les *Morales de saint Grégoire*, me servait beaucoup; et il paraît que Dieu, pour me donner la force de supporter tant de douleurs, m'y prépara par cette lecture, et par le secours que je tirais aussi de ce que je commençais à faire oraison. Tous mes entretiens n'étaient alors qu'avec lui seul, et j'avais presque toujours dans l'esprit et sur les lèvres ces paroles de Job, qui me fortifiaient et me consolaient beaucoup : *Puisque nous avons reçu tant de biens de la main de Dieu, pourquoi ne supporterions-nous pas les maux qu'il nous envoie ?* »

Thérèse avançait de jour en jour dans le chemin de la perfection. Penser à Dieu, parler de Dieu, se renoncer en tout pour Dieu, faisait ses plus chères délices. Cependant ses progrès furent d'abord assez lents, faute de directeurs éclairés pour bien la conduire dans la voie de perfection où Dieu l'avait placée. Le Seigneur avait déjà commencé à répandre dans son âme les grâces qui font les grands saints, celle entre autres de l'oraison la plus sublime. Thérèse, à peine âgée de vingt ans, ne comprenait encore rien à cette faveur. Les larmes mêmes qu'elle répandait quelquefois avec abondance, par l'impression de l'amour divin, l'affligeaient au lieu de la consoler, quand elle considérait le peu de fruit qu'il lui semblait en retirer à cause de ses rechutes fréquentes dans ce qu'elle appelait ses péchés. Personne n'était plus ingénieux qu'elle pour grossir ses fautes aux yeux de ceux auxquels elle parlait. C'est continuellement qu'elle y revient dans l'histoire de sa vie ; on dirait toujours, à l'en croire, qu'elle a été une grande pécheresse. « Oui, dit-elle, dussé-je être blâmée par celui qui, en m'ordonnant d'écrire ma vie, exige que je me modère en ce qui regarde l'aveu de mes péchés, dans lesquels je ne me flatte que trop, je le conjure, au nom de Dieu, de trouver bon que je les fasse connaître, sans en rien dissimuler, afin de mieux faire voir combien la miséricorde du Seigneur est admirable, et avec quelle patience elle supporte nos offenses. » Ce n'était pas sans raison que son confesseur lui avait prescrit d'être réservée sur cet article ; il connaissait le penchant qu'elle avait à exagérer ses fautes, quoique ses confesseurs assurent qu'elle n'avait pas commis dans toute sa vie un seul péché mortel.

Cependant Thérèse, percluse de ses membres et n'attendant des médecins aucun soulagement, implorait souvent le Ciel pour que la santé lui fût rendue. Elle avait surtout une spéciale confiance en saint Joseph, qu'elle dit n'avoir jamais imploré en vain. Ce ne fut qu'après trois ans de douleurs, de vœux, de sacrifices et d'abandon à la sainte volonté de Dieu, que Thérèse recouvra enfin une santé à peu près bonne.

Les qualités de l'esprit et du cœur, qui avaient rendu Thérèse si aimable avant sa maladie, brillèrent d'un nouvel éclat après sa guérison. Tout le monde la chérissait pour la douceur de son caractère et la maturité de son jugement; et comme elle était naturellement sensible, elle ne put se défendre de l'empressement général qu'on témoignait pour la voir et pour l'entendre. « Je me rengageai, dit-elle, dans tant d'occasions périlleuses, que mon âme, de vanité en vanité, retomba dans une singulière dissipation. Je n'osais plus m'unir à Dieu avec cette familiarité qu'inspire l'oraison. »

Quoique assez régulières d'ailleurs, les Carmélites d'Avila ne gardaient point la clôture ; leur ordre mitigé leur permettait de recevoir la visite des personnes du monde.

Thérèse s'engagea, elle aussi, dans certaines conversations qui d'abord ne lui parurent pas dangereuses. Parmi les personnes du dehors qui allaient la voir le plus souvent, il y en avait une pour qui elle conçut beaucoup d'amitié. Un jour qu'elles causaient ensemble, Dieu lui ouvrit les yeux pour lui faire voir le danger qu'elle courait. « Jésus-Christ, dit-elle, se présenta à moi avec un visage sévère, et me fit connaître ce qui lui déplaisait dans cette liaison. L'impression de cette vue fut si profonde, que j'en conserve encore le souvenir comme d'une chose présente ; le trouble et l'épouvante que cela fit naître dans mon âme furent si grands, que je ne voulais plus voir cette personne. »

De longues années de combats, de fréquentes alternatives de sécheresses et de consolations conduisirent Thérèse bien loin dans les voies de la perfection; mais ce fut principalement au saint exercice de l'oraison que Thérèse se crut toujours redevable de son salut. Aussi en parle-t-elle avec les plus vifs transports de reconnaissance : « Mon Seigneur et mon Dieu, s'écrie-t-elle, vous qui faites la joie des Anges, je ne puis penser aux avantages de converser avec vous par l'oraison, sans désirer de fondre comme la cire au feu de votre divin amour. Ah! combien votre bonté est grande, de supporter ainsi, de prévenir même de vos faveurs une créature aussi imparfaite et aussi coupable! Vous lui tenez compte des moments où elle vous témoigne de l'amour, et un léger repentir vous fait oublier toutes ses fautes. Je l'ai éprouvé par moi-même, ô mon Dieu! et je ne comprends pas comment tout le monde ne s'approche pas de vous pour avoir part à votre amitié. »

Cette illustre servante de Jésus-Christ ne dissimule cependant pas les aridités et les sécheresses qu'elle éprouva dans ce saint exercice. « La tristesse, dit-elle, que j'éprouvais alors à me mettre en prière était si grande, que j'avais besoin, pour m'y résoudre, de tout le courage que Dieu m'a donné. Mais enfin notre Seigneur m'assistait; car, après m'être fait violence, je me trouvais dans un plus grand calme et dans une jouissance plus douce et plus paisible que bien des fois où j'avais senti de l'attrait pour la prière. »

Thérèse, dans ses oraisons, se plaisait surtout à considérer le Sauveur dans les lieux où il avait été le plus abandonné et le plus souffrant, parce qu'il lui semblait qu'en cet état il était encore plus touché des prières de ceux qui, comme elle, avaient tant besoin de son assistance. « J'avais, dit-elle, beaucoup de ces simplicités, et je ne me trouvais nulle part aussi bien que quand je l'accompagnais en esprit au jardin des Oliviers, et que là je me représentais les douleurs incroyables qui, dans son agonie, produisirent une sueur de sang. J'aurais bien souhaité pouvoir l'essuyer.... »

Sainte Thérèse avait toujours eu une tendre dévotion pour sainte Madeleine. Elle aimait surtout à se la rappeler avant ses communions. Il lui semblait que, comme elle, elle allait se prosterner aux pieds du Sauveur, les arroser de ses larmes, et mériter ainsi le pardon de ses péchés.

Sa piété n'était pas moins affectueuse envers saint Augustin. Son humilité lui faisait considérer les âmes pénitentes comme les premiers modèles qu'elle devait imiter. La lecture des *Confessions* de saint Augustin lui fit verser des torrents de larmes, et lorsqu'elle raconte cette partie de sa vie, ce n'est qu'avec un profond attendrissement. « Je ne saurais trop vous louer, ô mon Dieu! s'écrie-t-elle dans les transports de sa reconnaissance ; je ne saurais trop vous louer de ce que vous me donnâtes à cette lecture comme une nouvelle vie, en me tirant d'un état que l'on pouvait comparer à une espèce de mort. Il m'a paru que depuis ce jour votre divine majesté m'a beaucoup fortifiée ; non, je ne puis douter qu'elle n'ait entendu mes cris, et qu'elle n'ait été touchée de compassion de me voir répandre tant de larmes. »

Thérèse aimait et servait Dieu de tout son cœur ; aussi répandait-il sur elle ses dons les plus signalés, ces grâces touchantes, ces faveurs surnaturelles qui font goûter aux grandes âmes combien il est doux de le servir et de l'aimer.

Un jour Thérèse étant en oraison se vit saisie tout à coup d'un ravissement si subit, qu'elle en perdit presque la connaissance; elle entendit alors ces paroles: *Je veux dé-*

sormais que vous ne conversiez plus avec les hommes, mais seulement avec les anges. Ces paroles célestes firent une telle impression sur son cœur, que depuis cette époque elle n'eut plus que du dégoût pour toutes les amitiés particulières dont le Seigneur n'était pas l'objet; elle n'eut de bonheur qu'à converser avec les personnes qu'elle savait aimer Dieu et s'efforcer de le servir.

C'est à l'oraison que sainte Thérèse se croyait redevable de tous les dons qu'elle recevait. Obligée par l'ordre de ses confesseurs d'écrire ce qu'elle savait sur cette matière, elle nous a laissé les leçons de la perfection la plus sublime. Ce sont surtout ces lumières extraordinaires qui lui ont fait un nom si glorieux dans toute l'Église. Elles étaient si éclatantes, les lumières de notre Sainte, que des évêques mêmes, éminents d'ailleurs en doctrine et en sainteté, prenaient ses conseils sur leur conduite particulière et les suivaient avec une docilité filiale. Ses ouvrages, si recherchés, si estimés, si authentiquement approuvés pendant sa vie, seront toujours un des plus riches trésors de l'Église.

Le grand Bossuet en appelait la doctrine une doctrine céleste. Ses œuvres spirituelles lui ont mérité de la part des papes Grégoire XV et Urbain VIII l'auguste titre de *docteur de l'Église*, titre si singulier dans une femme, qu'on ne sache pas qu'il ait été jamais accordé à d'autres qu'à sainte Thérèse.

Il est peu d'âmes peut-être qui aient été aussi aimantes que l'était celle de Thérèse. C'est elle qui, dans la charité qui l'embrasait pour son Dieu, s'écriait avec une sainte jalousie, qu'elle ne voulait pas qu'il y eût quelqu'un qui aimât Dieu plus qu'elle ; c'est Thérèse encore qui, dans le désir de s'unir à son Dieu, s'écriait : *Je me meurs, ô mon Dieu, de ne pouvoir mourir ;* c'est Thérèse encore qui, dans son désir de souffrir pour l'objet aimé, lui disait dans une extase sublime de son amour : *Ou souffrir, Seigneur, ou mourir.* Ses ouvrages sont remplis de ces saints transports qu'elle laisse exhaler de son cœur comme un feu sacré qui le consume. « Faites, mon Dieu, s'écrie-t-elle, qu'aucune chose du monde ne me touche plus, ou retirez-moi de ce monde : votre pauvre servante ne saurait plus supporter toutes les peines qu'il y a à souffrir de se voir sans vous; et s'il lui faut encore vivre sur la terre, elle n'y veut point de repos; non, Seigneur, ne lui en donnez pas; cette pauvre âme respire seulement après la liberté : le manger la tue; le dormir la fatigue; elle voit que tout le temps de sa vie se passe à accorder des soulagements à la nature. Hors de vous, cependant, rien ne peut la consoler, de sorte qu'il lui semble vivre contre nature, puisqu'elle ne voudrait pas vivre en elle-même, mais en vous seul. »

Et ailleurs elle s'écrie encore : « O mon souverain bien! faites que l'heureux jour arrive où je puisse au moins vous payer quelque obole sur les grandes sommes que je vous dois... D'autres femmes vous ont témoigné leur amour par des actions héroïques, et vous ne m'employez à rien, parce que vous voyez sans doute que tout ce que je fais ne consiste qu'en paroles et qu'en désirs stériles; fortifiez donc mon âme, ô vous qui êtes le premier bien de tous les biens! »

Aussi les faveurs que Dieu répandait sur

sa servante se multipliaient-elles de jour en jour. Ce n'était plus comme auparavant cette voix céleste qui parlait à son cœur, c'était Jésus-Christ lui-même qui plusieurs fois lui apparut, daignant la consoler et l'instruire dans des visions merveilleuses. Dans l'histoire de sa vie la Sainte rapporte toutes ces faveurs avec son humilité et sa candeur ordinaires, et en les racontant elle nous a laissé une nouvelle preuve de sa soumission à la volonté de ses directeurs.

Si l'on fait attention maintenant à la doctrine répandue dans ses écrits, on verra qu'elle est conforme en tout point à celle de l'Église, à l'esprit des saints et à ce que les plus sages et les plus habiles contemplatifs ont écrit sur les mêmes matières. Aussi, dans la prière que l'Église fait à Dieu le jour de sa fête, cette doctrine est-elle appelée une doctrine *céleste*. Les plus profonds secrets du sanctuaire de l'amour divin y sont dévoilés avec une clarté dont ils ne paraissaient pas susceptibles; et tout ce que l'oraison la plus sublime a de plus caché, ce qui ne peut être connu que par une longue expérience, ce que le langage humain paraissait incapable d'exprimer, tout est mis dans un jour si lumineux et rendu avec une telle énergie, qu'il n'est pas possible d'y méconnaître l'œuvre du Seigneur, surtout quand on pense que Thérèse était une femme sans lettres, sans études et sans secours. Il est vrai qu'elle était née avec beaucoup d'esprit naturel, un jugement droit et une imagination aussi belle que féconde; mais malgré tout l'esprit du monde ce n'est qu'à l'école du Seigneur que l'on peut apprendre à parler aussi dignement de pareilles matières. D'ailleurs avec quelle répugnance ne se mit-elle pas à rédiger l'histoire de sa vie ! Comme elle y parle humblement des faveurs dont le Ciel l'avait comblée ! Comme elle soumet par plusieurs fois, et sans réserve, au jugement de son directeur et surtout à celui de l'Église tout ce qu'elle en dit ! Avec quelle candeur exprime-t-elle ses regrets sur le temps que cela lui faisait perdre au préjudice d'une maison aussi pauvre que celle où elle était alors, et pour laquelle elle eût bien mieux aimé filer ! Enfin, tout ce qui a rapport à ses ouvrages, sa manière de raconter, et, comme le remarque fort bien un savant traducteur de sa Vie, ses digressions fréquentes, ses élans de piété, ses transports d'amour, ses colloques avec notre Seigneur, dans lesquels elle se laisse entraîner par l'habitude qu'elle avait contractée dans l'oraison, tout, jusqu'aux parenthèses mêmes qui sont multipliées dans son récit et jusqu'aux excuses qu'elle en fait à son confesseur avec une naïveté charmante, tout concourt à prouver la vérité des faits qu'elle rapporte.

Que sera-ce si l'on rapproche de tant de motifs celui plus puissant encore de la sainteté reconnue de celle qui écrit ces faits?

Mais si la bonté du Tout-Puissant a comblé sa servante de faveurs qui excitent notre admiration, nous devons admirer bien davantage les grandes leçons de vertus dont elle a parsemé le récit de tant de grâces. Nous devons admirer surtout l'amour qu'elle avait pour l'obéissance; elle préférait cette vertu à ses révélations mêmes, disant qu'elle pouvait bien être séduite par le démon, mais qu'elle ne pouvait s'égarer en obéissant. Toujours ferme dans ce principe, elle obéissait à ses supérieurs avec une admirable simplicité.

Pénétré d'admiration pour l'extrême docilité de sa pénitente, le Père Alvarez s'écriait : « Voyez-vous Thérèse de Jésus, quelles grâces sublimes n'a-t-elle pas reçues de Dieu ! et cependant, quoi que je puisse lui prescrire, elle est toujours docile comme l'enfant le plus traitable. »

L'esprit de pénitence dont notre Sainte était animée n'était pas moins édifiant que son obéissance, sa candeur et son humilité. Le souvenir seul des premières années de sa vie la pénétrait de la plus vive componction ; elle pleurait ses fautes avec autant d'amertume que Madeleine et Thaïs avaient pleuré leurs désordres. Des veilles fréquentes, des jeûnes austères, la discipline, le cilice et une oraison presque continuelle, furent les principaux moyens qu'elle employa pour expier ce qu'elle appelait ses péchés. Thérèse, par sa patience dans tous les chagrins et toutes les contradictions qu'elle eut à dévorer, par son grand amour pour les pénitences et pour la pauvreté, prouva qu'elle avait renoncé à toute espèce de jouissances sur la terre pour n'y attendre que peines et travaux.

« Pensez-vous, lui dit un jour le Seigneur dans une vision, que le mérite consiste à jouir? Non; mais il consiste bien plutôt à travailler, à souffrir et à aimer. Celui-là est le plus tendrement aimé de mon Père, auquel il a départi les croix les plus pesantes, pourvu qu'elles soient acceptées et portées avec amour. Eh! comment pourrai-je vous prouver d'une manière plus sensible que je vous aime, qu'en choisissant pour vous ce que j'ai choisi pour moi-même? »

Aussi la Sainte disait-elle à ses filles : « Arrive ce qui pourra : tenir la croix bien serrée, c'est la grande affaire ! Ce divin Sauveur y resta privé de toute consolation ; il fut abandonné tout seul en ses travaux ; ne l'abandonnons point aussi comme les autres. »

Le respect et l'amour que Thérèse portait à l'adorable Sacrement des autels étaient dignes d'une si tendre amie de Jésus : ses expressions sont toutes de feu quand il s'agit de cet auguste mystère. Elle était avide de la communion ; elle nous dit qu'elle éprouvait, avant d'aller à la sainte table, des désirs si vifs et si brûlants de s'unir à son bien-aimé, qu'elle eût bravé les foudres, les tempêtes et les orages pour l'aller trouver. Une seule communion, suivant elle, suffit pour enrichir l'âme de tous les trésors spirituels, quand on n'y met aucun obstacle. Nous n'avons point, dans l'état d'exil où nous sommes, des moyens plus propres à nous consoler et à nous fortifier, que de nous unir très-souvent et très-ardemment à Jésus-Christ dans la sainte Eucharistie, jusqu'à ce que nous puissions un jour lui être unis dans la gloire. On ne saurait exprimer avec quelle ferveur elle s'approchait de la table sainte et avec quelle effusion elle répandait son âme devant son divin Sauveur. Elle adressait alors au Tout-Puissant les plus instantes prières pour qu'il voulût bien arrêter le torrent d'iniquités dont la terre était inondée, et préserver l'univers des horribles profanations par lesquelles les hommes semblaient insulter à sa miséricorde. Combien une âme aussi enflammée de l'amour de Dieu qu'était celle de Thérèse ne devait-elle pas être affligée surtout du schisme qui déchirait alors l'Église ! Elle fait à ce sujet, dans ses ouvrages, des réflexions touchantes qu'elle accompagne de vœux bien vifs pour la personne du roi Philippe II. Elle dit quelque part que, s'il lui eût été possible de donner mille vies pour sauver une seule âme, elle les eût données avec joie, tant elle était affectée de la damnation des pécheurs.

Après avoir travaillé pendant de longues années à sa propre sanctification, Thérèse se livra enfin au désir qui la pressait de travailler à celle des autres. En conséquence elle forma le projet de réformer son Ordre : la règle primitive, telle qu'Albert, patriarche de Jérusalem, l'avait rédigée en 1205, était d'une grande austérité ; mais par le laps de temps il s'y était introduit du relâchement, et le pape Eugène IV avait approuvé par une bulle de 1431 les adoucissements qu'on y avait apportés ; outre que le couvent de l'Incarnation, où elle était alors, avait adopté ces changements, il régnait dans cette maison des abus considérables, celui surtout de recevoir trop de visites au parloir. Thérèse désirait ardemment de vivre d'une manière conforme au premier institut de son Ordre ; mais il ne lui était pas facile de satisfaire ce désir dans une communauté qui en était si éloignée. Cependant, à bien des motifs extérieurs et plausibles de suivre un tel projet, étaient jointes des raisons plus pressantes d'en entreprendre l'exécution ; Jésus-Christ lui-même l'avait ordonné à Thérèse dans plusieurs visions qu'elle rapporte, et lui avait promis en même temps le succès de cette entreprise.

Comme elle s'occupait de ces pensées, Dieu permit qu'une personne lui parlât du dessein qu'elle avait de fonder un monastère, si quelques religieuses voulaient entreprendre d'y observer la règle de l'ordre du Mont-Carmel dans toute sa pureté, Thérèse goûta fort ce dessein et promit de seconder cette sainte entreprise de tout son pouvoir. Aussitôt que son dessein de réforme fut éventé, on ne peut dire à quelles persécutions elle se vit exposée. On la traita de visionnaire et d'extravagante; son Ordre même fit tout pour traverser son dessein ; mais Thérèse, pleine de confiance en Dieu, semblait encouragée par les efforts mêmes que l'on faisait pour l'affaiblir. Enfin, victorieuse de tous les combats qui lui furent livrés, elle eut la consolation de voir le premier monastère réformé fondé dans Avila, sous le nom de Saint-Joseph, en 1562.

Dieu bénit cette première fondation de Thérèse ; et la ferveur qui régnait dans cette maison fit plusieurs fois l'étonnement et l'admiration de sa sainte fondatrice. « O bonté infinie de mon Dieu ! s'écrie Thérèse, j'en suis encore dans l'admiration toutes les fois que j'y pense et que je me rappelle les secours particuliers dont sa divine majesté a bien voulu me combler pour venir à bout de lui préparer ce petit réduit ; car je suis persuadée qu'il est véritablement tout à lui, et que c'est un lieu où il prend ses divines complaisances, comme il me le fit entendre un jour dans l'oraison ; me disant que cette maison était pour lui un paradis de délices. Il semble que c'est à cette intention qu'il a choisi lui-même les âmes qu'il y a attirées, et parmi lesquelles je suis bien confuse de me trouver. Quand même il eût été en mon pouvoir d'en faire le choix, je n'aurais jamais pu les choisir plus propres à notre dessein, qui embrassait une si étroite clôture, une si grande pauvreté et une application si continuelle à l'oraison. Elles supportent tout cela avec une telle gaieté et un tel contentement, que chacune se trouve indigne d'avoir été reçue dans un lieu comme celui-ci... C'est pour moi une extrême consolation de me voir ainsi associée avec des âmes si détachées. Toute leur occupation est d'être attentives à avancer de plus en plus dans le service qu'elles ont voué au Seigneur. La solitude fait toutes leurs délices, et leur seule peine serait d'être obligées de recevoir des visites, quand ce serait même de leurs plus proches parents; à moins qu'elles n'y trouvassent de quoi enflammer davantage l'amour qu'elles ont pour Dieu. »

Thérèse ne s'arrêta pas à cette fondation, elle sema de toutes parts les saintes maisons de sa réforme, et fut l'instrument de la divine Providence pour la création de tous ces asiles bénis, où la jeune fille ne venait demander une place que pour se mortifier et prier. Son zèle ne se borna pas à la réforme des religieuses de son Ordre, elle voulait la faire passer jusqu'aux religieux. Thérèse sentit les difficultés de ce nouveau projet ; mais elle eut recours à Dieu, son refuge ordinaire. Le premier qui prit l'habit et la règle de la réforme parmi les hommes fut le Père Jean, qui prit le surnom de la Croix, et son exemple fut bientôt suivi par beaucoup d'autres. C'est cette réforme que suivent les Carmes qu'on appelle *déchaussés*.

Malgré les oppositions que son institut avait éprouvées, Thérèse eut la consolation avant sa mort de lui voir faire de grands progrès ; car sur la fin de sa vie elle comptait déjà seize couvents de Carmélites et quatorze de Carmes déchaussés ; le nombre en devint bien plus considérable après sa mort.

Enfin, après une vie pleine de bonnes œuvres et consumée dans les flammes du saint amour, Thérèse souriait à la fin de sa captivité qu'elle sentait bien n'être pas éloignée. Sa lassitude et le dépérissement de sa santé devenant chaque jour plus extrêmes, elle se prépara sur son lit de mort à recevoir les derniers sacrements ; et dès ce moment, elle fit à ses sœurs ses adieux. « Je vous conjure, leur disait-elle, pour l'amour de Dieu, d'observer exactement la règle et les constitutions, et de ne pas choisir pour modèle cette indigne pécheresse qui va mourir ; pensez plutôt à lui pardonner. » Les sœurs, fondant en larmes, ne lui répondaient que par leurs sanglots.

A la vue du viatique qu'on lui apportait, elle se souleva pour le recevoir avec plus de respect ; et, ne pouvant arrêter ses transports en voyant celui qu'elle recevait sur la terre pour la dernière fois, mais qui allait enfin s'unir éternellement avec elle, elle s'écria : « O mon Seigneur et mon époux, la voilà donc arrivée cette heure que je désirais si ardemment !... je touche au moment de ma délivrance.... Que votre volonté soit faite !... L'heure est enfin venue où je sortirai de mon exil, et où mon âme trouvera en votre présence le bonheur après lequel elle soupire depuis si longtemps. »

Sa ferveur s'animait de plus en plus à mesure que ses forces l'abandonnaient. On l'entendit répéter souvent des versets du psaume *Miserere*, et surtout celui-ci : *Mon Dieu, vous ne rejetterez pas un cœur contrit et humilié ;* elle le répéta jusqu'au moment où elle perdit l'usage de la parole. Succombant de fatigue sous les douleurs de son agonie, Thérèse pencha la tête sur les bras de la sœur Anne de Saint-Barthélemi, qui l'avait toujours accompagnée dans ses travaux, et qui ne pouvait aussi se détacher de son lit de mort. Thérèse resta paisiblement dans cette situation jusqu'à neuf heures du soir, les yeux toujours fixés sur un crucifix qu'elle avait à la main. Elle mourut dans la nuit du 4 au 5 octobre 1582, envoyant au ciel une des âmes les plus embrasées d'amour que la terre ait jamais vues.

Cette nuit fut mémorable par la réforme du calendrier. On supprima tout à coup dix jours, et, par cette suppression, le jour qui suivit la mort de sainte Thérèse fut compté pour le 15 octobre, quoique ce ne fût que le 5.

La Sainte mourut dans la soixante-huitième année de son âge, après avoir passé vingt-sept ans dans le couvent de l'Incarnation, et vingt autres dans les divers couvents de la réforme. Les dépouilles mortelles de sainte Thérèse sont conservées dans le couvent d'Albe, sous un beau mausolée. On assure que la corruption ne l'a jamais atteinte.

PRIÈRE.

O vous qui eûtes une âme si brûlante pour Dieu, sainte Thérèse, demandez pour moi quelques étincelles de votre charité. Ah! si comme vous je savais aimer, les plus grands sacrifices alors ne me seraient plus pénibles, j'en ferais mes délices, et, détaché de toutes les vanités de la vie, je ne saurais plus rien refuser à mon Dieu.

FIN.

TOURS. — IMP. MAME.

www.ingramcontent.com/pod-product-compliance
Lightning Source LLC
Chambersburg PA
CBHW061015050426
42453CB00009B/1454